U0039935

經典
少年遊

010

宋太祖趙匡胤
重文輕武的軍人皇帝

T'ai-tsu of Sung
The General-turned-Scholar Emperor

繪本

故事◎林哲璋
繪圖◎劉育琪

中國曾經有個宋王朝，
開國的君主名叫趙匡胤，
也就是宋太祖。
趙匡胤出生時，非常特別，
全身發著金光，
屋子裡充滿紅光異香。
他從小就容貌英挺，
身材比別人高大。
懂得看相的人，
都說他將來
必有一番作為。

2

少年時學騎馬射箭，
趙匡胤明顯比同輩傑出。
有一次，他試著馴服野馬，
不用馬具直接就跳上馬背。
野馬亂衝，害他額頭撞上了門楣。
大家都以為他摔死了，
沒想到他竟然毫髮無傷，
又追著上馬。

5

之後他跟隨著父親，
在後周世宗手下擔任軍官。
趙匡胤的父親是個驍勇善戰的軍人，
心地也很善良。
有次世宗因為一塊薄餅，
莫名發怒要處死賣餅人，
經由他極力勸阻，才保住了無辜的人命。
這點影響了趙匡胤。

7

除了仁義之心，
趙匡胤還從父親身上學到作戰的紀律。
在攻打南唐時，趙匡胤負責守城，
半夜他父親帶了軍隊前來支援，
要求開城門。他一切按規定辦理，
確認到天亮，才讓父親的軍隊進城。

趙匡胤漸漸受到世宗的重用。
有次遇到北漢來犯，
指揮官竟臨陣脫逃。
趙匡胤臨危不亂，直衝敵營，
讓敵人措手不及。
此時他左臂中箭受傷，還想乘勝追擊。
最後是被世宗勸下，才收兵治傷。

另一次攻打南唐時，剛好來到了河邊。
當世宗還在猶豫是否要用駱駝渡河時，
沒想到趙匡胤已經先策馬下水，
帶領著軍隊攻下了敵營。

之後，世宗去世了，年幼的小恭帝即位。當時趙匡胤正在陳橋駐軍，抵抗北漢及契丹的入侵。某天夜晚，軍士們聚集在趙匡胤的帳外：「大人，請您當我們的新皇帝吧！」說完眾人便把皇帝才能穿的黃袍披在他身上！

趙匡胤順應情勢反叛了後周。

他帶著部下回到了京城，

年僅七歲的小恭帝

只能乖乖的把皇帝的位子讓給他。

趙匡胤於是建立了宋朝，成為宋太祖。

剛上任的宋太祖很希望有所作為，
他問宰相：
「如何才能讓天下快點恢復太平呢？」
宰相只是說：
「皇帝勢力弱、臣子兵力強，
這樣國家就容易起動亂……」
話沒說完，
太祖心中已經有想法。

太ㄊㄞˋ祖ㄗㄨˇ於ㄩˊ是ㄕˋ邀ㄧㄠ請ㄑㄧㄥˇ了ㄌㄜ˙石ㄕˊ守ㄕㄡˇ信ㄒㄧㄣˋ等ㄉㄥˇ有ㄧㄡˇ功ㄍㄨㄥ將ㄐㄧㄤˋ領ㄌㄧㄥˇ喝ㄏㄜ酒ㄐㄧㄡˇ。酒ㄐㄧㄡˇ席ㄒㄧˊ上ㄕㄤˋ太ㄊㄞˋ祖ㄗㄨˇ憂ㄧㄡ愁ㄔㄡˊ的ㄉㄜ˙對ㄉㄨㄟˋ功ㄍㄨㄥ臣ㄔㄣˊ們ㄇㄣ˙說ㄕㄨㄛ：「唉ㄞ！我ㄨㄛˇ雖ㄙㄨㄟ當ㄉㄤ上ㄕㄤˋ了ㄌㄜ˙天ㄊㄧㄢ子ㄗˇ，卻ㄑㄩㄝˋ沒ㄇㄟˊ有ㄧㄡˇ一ㄧ天ㄊㄧㄢ睡ㄕㄨㄟˋ得ㄉㄜ˙安ㄢ穩ㄨㄣˇ！」功ㄍㄨㄥ臣ㄔㄣˊ們ㄇㄣ˙聽ㄊㄧㄥ了ㄌㄜ˙，好ㄏㄠˋ奇ㄑㄧˊ問ㄨㄣˋ：「皇ㄏㄨㄤˊ上ㄕㄤˋ，現ㄒㄧㄢˋ在ㄗㄞˋ敵ㄉㄧˊ人ㄖㄣˊ已ㄧˇ滅ㄇㄧㄝˋ，天ㄊㄧㄢ下ㄒㄧㄚˋ已ㄧˇ經ㄐㄧㄥ安ㄢ定ㄉㄧㄥˋ，您ㄋㄧㄣˊ怎ㄗㄣˇ麼ㄇㄜ˙還ㄏㄞˊ會ㄏㄨㄟˋ失ㄕ眠ㄇㄧㄢˊ？」

太祖說：

「皇帝這個位子人人都想坐，

教我如何安心睡覺！」

功臣們聽出了太祖話中的含意，

趕緊回應：

「臣等應該如何為皇上

解決心中的疑慮？」

太祖見時機到了，便說：「大家跟我出生入死，不就為了富貴安樂？只要把兵權交還國家，就能避免君臣之間的猜忌，我保證讓大家還能繼續享有現在的福利！」功臣們紛紛接旨。

為ㄟ了ㄌㄜ避ㄅ一免ㄇ一ㄢ再ㄗㄞ發ㄈㄚ生ㄕㄥ戰ㄓㄢ亂ㄌㄨㄢ，宋ㄙㄨㄥ太ㄊㄞ祖ㄗㄨ把ㄅㄚ兵ㄅ一ㄥ權ㄑㄩㄢ從ㄘㄨㄥ功ㄍㄨㄥ臣ㄔㄣ們ㄇㄣ身ㄕㄣ上ㄕㄤ收ㄕㄡ回ㄏㄨㄟ。同ㄊㄨㄥ時ㄕ，他ㄊㄚ也ㄧㄝ開ㄎㄞ始ㄕ減ㄐㄧㄢ少ㄕㄠ官ㄍㄨㄢ兵ㄅ一ㄥ的ㄉㄜ人ㄖㄣ數ㄕㄨ，防ㄈㄤ止ㄓ軍ㄐㄩㄣ人ㄖㄣ叛ㄆㄢ亂ㄌㄨㄢ。他ㄊㄚ把ㄅㄚ國ㄍㄨㄛ家ㄐㄧㄚ交ㄐㄧㄠ由ㄧㄡ文ㄨㄣ人ㄖㄣ來ㄌㄞ管ㄍㄨㄢ理ㄌ一，大ㄉㄚ力ㄌ一舉ㄐㄩ辦ㄅㄢ科ㄎㄜ舉ㄐㄩ，讓ㄖㄤ國ㄍㄨㄛ家ㄐㄧㄚ文ㄨㄣ藝ㄧ越ㄩㄝ來ㄌㄞ越ㄩㄝ發ㄈㄚ達ㄉㄚ，但ㄉㄢ是ㄕ也ㄧㄝ埋ㄇㄞ藏ㄘㄤ了ㄌㄜ宋ㄙㄨㄥ朝ㄔㄠ國ㄍㄨㄛ力ㄌ一衰ㄕㄨㄞ落ㄌㄨㄛ的ㄉㄜ危ㄨㄟ機ㄐ一。

兵權回收後，太祖非常排斥戰爭。連收服其他中原以外的國族時，他都以取得人心，而非暴力爭奪的方式來進行。有次吳越國王來朝見，太祖沒有趁機扣留他，而是親自送他回國，這讓吳越國王自願歸順宋朝。

面對剛經歷完戰亂的時局，
宋太祖認為這時候國家需要重新建設，
於是他大赦天下，釋放俘虜、減免稅賦，
讓歷經連年戰亂的天下百姓能夠休養生息。

太_{ㄊㄞ}祖_{ㄗㄨ}也_{ㄧㄝ}經_{ㄐㄧㄥ}常_{ㄔㄤ}微_{ㄨㄟ}服_{ㄈㄨ}出_{ㄔㄨ}巡_{ㄒㄩㄣ}，了_{ㄌㄧㄠ}解_{ㄐㄧㄝ}民_{ㄇㄧㄣ}情_{ㄑㄧㄥ}。

有一年，
商州突然發生鼠患，吃光種苗，
他立刻下詔免除農民稅賦，
還要求官員提出預防辦法。
太祖同時親自向上天祈求，
希望災患趕快結束。

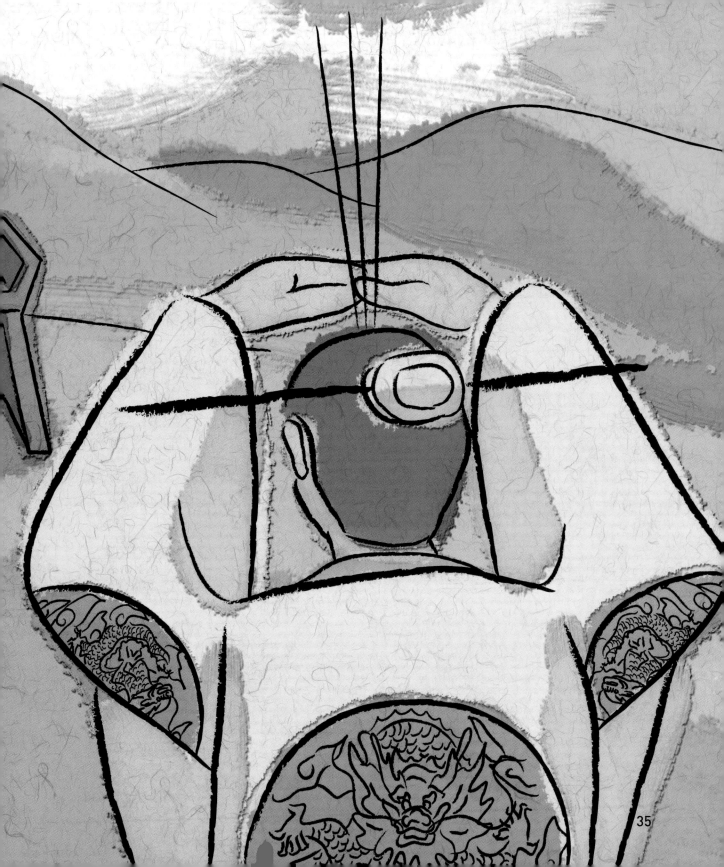

懂得人心、順應時勢，
是宋太祖能取得天下
最重要的特質。
但是懂得反省過失，
才是他最高明的地方。
有一次他在打獵時不小心被自己的坐騎絆倒，
他氣得當下刺死馬兒，
但隨即悔悟自己的衝動。

他也曾經對隨從說：「喝酒不是好事，應酬時我偶爾醉得不省人事，酒醒後總是十分後悔！」有次早朝過後，隨從問他為何悶悶不樂，他嘆氣說：「當皇帝容易嗎？我正後悔剛剛的公事，決定得太匆促呀！」

太祖過世前，謹記五代時期之所以天下大亂，主要是因為繼位君主年幼無知，大權旁落。所以，他傳位給和自己一同打天下、閱歷豐富的弟弟趙匡義。一切順勢而為的宋太祖，結束五代的紛亂，開啟了安穩的宋朝政局。

宋太祖趙匡胤
重文輕武的軍人皇帝

讀本

原典解説◎林哲璋

宋太祖結束了五代十國的南北分裂時期，建立歷史上重文輕武的宋朝，而與他同時的重要人物有哪些呢？

TOP PHOTO

趙匡胤（927～976年），北宋的開國帝王宋太祖。統治期間，為了避免宋朝再度陷入五代十國的分裂，於是收回武將的軍權。他大量採用文官，建立宋朝重文輕武的特色，使宋朝在文學、藝術方面遠勝於其他朝代。

相關的人物

趙匡胤

趙匡義

趙匡胤的弟弟，後來改名趙光義，是北宋的第二個帝王宋太宗。在位期間企圖收復「燕雲十六州」，這是五代十國時失去的北方國土。但他終究沒有成功，使宋朝在邊疆上失去了防守外患的重要防線，屢受遼國侵略。

柴榮

後周世宗柴榮，是五代十國中少見的英明君主。在位期間任用趙匡胤為大將，在戰場上建立了不少功勞。柴榮死後，趙匡胤趁著柴榮的兒子柴宗訓年少即位，於是篡奪了後周的政權，建立宋朝。

李煜

五代十國中南唐的最後一個帝王，也是歷史上著名的李後主。
他早期的詞作多描寫宮廷的享樂生活，亡國後的風格卻改為
滄桑淒涼。他開拓了詞的高遠境界，有「詞中之帝」的美稱。

石守信

石守信是宋太祖寵信的將領，在後周
時曾與趙匡胤結為兄弟，共同建立宋
朝。然而，趙匡胤擔心石守信等將領，
也會篡奪自己的帝位，於是在一場宴
會當中，暗示他們將軍權交回，這就
是著名的「杯酒釋兵權」。

趙普

宋太祖最信任的大臣之一。他協助趙匡胤叛變，推翻後
周，史稱「陳橋兵變」。又在太祖即位後建議收回各將領
的軍權，重用文人。據說他一遇到問題就回家讀《論語》，
流傳至今成為「半部《論語》治天下」。右圖為明朝劉俊
所繪〈雪夜訪普圖〉，描繪宋太祖趙匡胤在雪夜裡拜訪謀
士趙普的故事。

宋太祖出生在動亂的五代十國，並成長於軍事家庭。
他掌握了後周的軍權後，於陳橋驛兵變，建立了宋朝。

927 年

趙匡胤在這一年出生於洛陽夾馬營，從小在軍事家庭成長，對於軍事相當嫻熟。父親趙弘殷曾於後唐、後晉、後漢中擔任軍職，而趙匡胤則是擁立郭威建立後周。後周世宗柴榮即位之後，任命趙匡胤擔任殿前都點檢一職。

959 年

這一年由於柴榮攻打契丹不利，在回師之後，擔心殿前都點檢張永德奪權，遂將其免職改由趙匡胤擔任。殿前都點檢一職是皇帝親衛部隊的最高將領，趙匡胤因此掌握了後周的軍權。

出生

掌軍權

相關的時間

TOP PHOTO

黃袍加身

960 年

趙匡胤擔任殿前都點檢之後，隨即於這一年奉命率師抵抗契丹。軍隊行至陳橋驛時，部屬隨即停止前進，並將預先製好的黃袍，披在趙匡胤身上，擁立趙匡胤為帝，史稱「陳橋驛兵變」或「黃袍加身」。左圖為河南封丘陳橋驛的清朝刊刻宋太祖黃袍加身處石碑。

杯酒釋兵權

961 年

這一年宋太祖宴請禁軍將領石守信等人，席間對將領暗示自己懼怕黃袍加身的事件重演。石守信等人知道趙匡胤擔心帝位被奪，於是隔日便主動交出兵權告老還鄉，史稱「杯酒釋兵權」。

訪趙普

964 年

趙匡胤曾與弟趙匡義於這一年的某個雪夜中拜訪趙普，而趙普趁機向宋太祖建議統一天下的方針在於「先南後北」、「先易後難」。因為北方有契丹、北漢佔領，軍事較強；南方是經濟文化重心，軍力較弱，當從南方先平定為佳。

滅南唐

TOP PHOTO

死亡

976 年

趙匡胤與其弟趙匡義一同飲酒，並且同宿在宮中。隔日清晨，趙匡胤已暴斃身亡。由於趙匡胤逝世非常突然，遂由趙匡義緊急即位。《湘山野錄》有「燭影斧聲」的說法，認為趙匡胤是被趙匡義謀殺。

974 ～ 975 年

趙匡胤命令曹彬率領軍隊，攻打南唐。五代十國時期，南方是以經濟、文化為重心，其中南唐國勢較強。攻破南唐之後，後主李煜被擄北上，創作出不少著名的詞作。上圖為清朝吳友如所繪製的南唐後主李煜的善舞宮嬪窅娘。

宋太祖在杯酒釋兵權之後，以重文輕武的方式，建立了中央集權的統治方法。

TOP PHOTO

唐朝以前，一般百姓可以與皇帝穿著黃色的衣服。但是到了唐高祖開始，明文禁止百姓穿著黃色的衣服，因此黃袍逐漸成為古代帝王專屬的袍服。後周末年，趙匡胤受命率領軍隊抵抗遼國的入侵。至陳橋驛時，部屬便將黃袍披在趙匡胤身上，並擁立趙匡胤為皇帝，形成「黃袍加身」的典故，從此黃袍正式成為皇權的象徵。左圖為河南封丘陳橋驛的黃袍加身壁畫。

宋太祖不僅重文輕武，更禮遇士人，因此他留下遺訓，要後代子孫不得殺害士大夫，以及諫言的官吏。宋朝歷代帝王都遵守宋太祖這條遺訓，不殺士大夫，改以貶謫的方式處罰。

宋朝建立初期，中國仍然陷於分裂。北方有遼國、北漢，南方有南唐、吳越、後蜀、南平等國。宋太祖衡量局勢，認為南方國力較弱，而北方是軍事較強，於是採取「先南後北」、「先易後難」的戰略方針，先平定南方。

相關的事物

黃袍

遺訓

先南後北

強幹弱枝

宋太祖為了避免唐朝宦官專政、藩鎮割據重演，於是收回將領的軍權，並由中央統一指揮，此種統治方式，稱為「強幹弱枝」，也就是重文輕武的表現。宋太祖又擴大科舉，增加錄取名額，起用大量的文人任官，形成了重文輕武的特色。

蹴鞠是中國古時候的足球運動，相傳是由黃帝為了訓練士兵所發明的。蹴就是踢，鞠是球的意思。在唐朝以前，蹴鞠以軍事訓練用途為主，唐朝之後，蹴鞠轉為娛樂方向發展。到了宋朝，盛行以表現個人踢球技巧的踢法，稱為「白打」。右圖為清朝黃慎所繪製的〈蹴鞠圖〉（局部），圖畫描繪了宋太祖趙匡胤與宋太宗、趙普以及大臣內侍玩蹴鞠的場面，此局部繪的是宋太祖身著龍袍，與大臣內侍爭搶蹴鞠。天津歷史博物館藏。

TOP PHOTO

蹴鞠

金匱之盟

據史料記載，宋太祖的母親杜太后臨終前，命令趙普前來記錄遺言。遺言中記載，杜太后要宋太祖死後，將帝位傳給他的弟弟趙匡義。由於這份遺書藏於金匱之中，因此被稱為「金匱之盟」。

驛站

藩鎮

古代政府為了要讓傳遞公文或軍事情報的官員，在途中能夠休息，或者更換馬匹，於是建造了所謂的驛站。宋太祖黃袍加身的陳橋驛，就是當時的一個驛站。

藩鎮是唐朝後期所設立的軍事制度，起初設立的用意，是為了防止邊疆民族的入侵，於是允許藩鎮擁有軍隊及指揮權。但由於中央衰弱，控制不了藩鎮，遂形成五代十國割據分裂的局面，直到趙匡胤才解決了藩鎮的問題。

宋太祖出生在洛陽的夾馬營，在陳橋驛黃袍加身之後，建立了宋朝，定都在汴京，並陸續平定了南方各國。

夾馬營是宋太祖趙匡胤出生的地方，在今河南洛陽。夾馬營是後唐時禁軍駐紮的地方，由於趙匡胤的父親與祖父皆是軍人，因此趙匡胤在夾馬營生活了大約二十多年。此段時期，後唐、後晉相繼滅亡。

陳橋驛，今河南省新鄉市封丘縣東南。趙匡胤率軍抵抗契丹的入侵時，軍隊行經陳橋驛，部眾遂停止不前，並將黃袍披在趙匡胤身上，擁立他稱帝。趙匡胤因此建立了宋朝。

夾馬營

陳橋驛

相關的地方

八公山

永昌陵

TOP PHOTO

宋太祖擔任後周將領時，曾率軍攻打壽州，卻被李煜的大將于洪圍困在南唐境內，既缺糧草又無後援，情況相當緊急。後來趙匡胤陣營冒死突圍求得援兵，才於八公山附近將于洪打敗，並留下火燒于洪的事蹟。

宋太祖趙匡胤死後，靈柩暫時停放於萬歲殿中，由皇弟、后妃、皇子、文武大臣每日祭拜守靈。直到第二年，永昌陵寢修築好之後，由官員、衛士、儀仗約三千多人，護送至永昌陵入葬。永昌陵位於今日河南省的鞏縣。

汴京

汴京,又稱東京,今河南開封。唐末由於長安殘破不堪,加以汴京為運河輸送的重要轉運站,因此五代所建立的政權,如後梁、後晉、後漢、後周皆定都汴京。宋朝建立後,仍舊選在汴京定都,使汴京成為新興的繁榮都市。

宋州

趙匡胤在後周時,曾擔任過宋州節度使的職務。節度使是藩鎮的指揮官,掌握地方上軍事、經濟的大權。唐朝後期設立了藩鎮,但由於無法有效掌控藩鎮,遂任由各藩鎮的節度使在地方上坐大。宋州位於今日的河南省。

龍興寺

龍興寺原名碧落觀,位於山西新絳縣,始建於唐朝,唐高宗時改稱龍興宮。宋太祖曾經在此寓居過,後來又改名為龍興寺。寺廟坐北朝南,大殿前左右有關公殿、娘娘殿,左側留有山門,前有韋陀樓,後有十三級龍興寶塔。

京娘湖

TOP PHOTO

京娘湖位於山西,據史料記載,京娘隨父親上香的途中被盜賊所劫,恰逢趙匡胤挺身相救。趙匡胤不辭千里護送京娘回家,京娘為了報答趙匡胤,決意以身相許。但被趙匡胤拒絕,京娘遂投湖自盡。京娘湖便因此而得名。

宋太祖

　　陳橋兵變黃袍加身後，趙匡胤積極思索如何避免步上五代——後梁、後唐、後晉、後漢、後周——的後塵，變成同樣短命的王朝。因此，他採取宰相趙普「強幹弱枝」的建議，削弱各藩鎮節度使的兵權，將權力收歸中央所有；另外，更積極注重民生、經濟，讓歷經多年戰亂的人民能夠休養生息、安居樂業。人民生活安定，自然不想造反，政權才能穩定，王朝方可永續。為此，他時常微服出巡，探聽民間疾苦。

　　有屬下勸他說「微服出巡」有安全上的顧慮，趙匡胤卻十分釋懷的說：「帝王的興起，自有天命註定。後周世宗擔心身邊將領篡位，迷信命理之說，將領有帝王面相者無一放過，皆加諸殺。我雖天天服侍著小心翼翼維護帝位的世宗，我倆近在咫尺，他還不是無法加害於我！」

或諫其輕出。曰：「帝王之興，自有天命，周世宗見諸將方面大耳者皆殺之，我終日侍側，不能害也。」
──《宋史·太祖本紀》

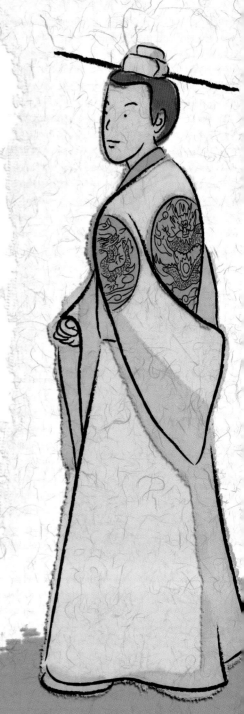

　　有一年，後周世宗北征，半路得到一只皮袋，裡頭裝了一塊超過三尺的木板，上頭寫了「點檢作天子」五字，世宗心裡覺得不安。當時擔任「殿前都點檢」一職的是周太祖的女婿張永德，就因此事被調職，改由趙匡胤任殿前都點檢。想不到，後周世宗這一預防造反的措施，反而加速應驗了預言。這或許也正是趙匡胤後來將帝位存廢歸於天命，豁達無懼，順其自然的原因之一。

　　趙匡胤堅信把做「好皇帝」的義務完成，就能保持天命。故他一直以民心的向背，做為宋朝能否永續傳承的依歸。他的施政都站在人民的立場，一遇天災人禍，就下令減免稅賦；出現天降異象，就自我檢討缺失。對於敵人，他不只想到征服，還思考統治。因此，他破人城池時，絕不傷官民、投降的俘虜都放歸耕田。違背他禁殺令的將領，就算有功，也不升官重用。

太后、主上，吾皆北面事之，汝輩不得驚犯；大臣皆我比肩，不得侵凌；朝廷府庫、士庶之家，不得侵掠。用令有重賞，違即孥戮汝。——《宋史·太祖本紀》

趙匡胤奉命帶兵討伐來犯的契丹軍隊，在陳橋一帶紮營過夜時，屬下決定擁立趙匡胤為皇帝。他們不但不聽勸言，反而帶刀包圍趙匡胤寢室，軟硬兼施。屬下公推趙匡胤的弟弟入內勸他稱帝起義，甚至將龍袍硬披在他的身上。趙匡胤再三推辭，仍被部下挾持上馬，眾人跪呼萬歲，企圖趕鴨子上架，造成既定事實。

趙匡胤最後見情勢無法阻止，只好勉為其難的答應。但他提出條件，要求大家：「後周皇太后及皇帝，皆是我事奉過的君主，你們不可以驚擾冒犯他們；後周大臣都是我的同事，你們不能侵犯欺凌他們；政府機構及百姓家室，不能侵入掠奪。服從命令者會有豐厚的賞賜，違反命令的人必定滿門抄斬。」所有的將領都跪拜表示遵令。得到屬下的承諾後，趙匡胤才整飭軍隊，揮兵進入皇城。

駐守都城的副都指揮使韓通計畫反抗趙匡胤的革命軍，王彥升知道了，於是先斬後奏，私自下手，在韓通家殺了他。

王彥升剷除反抗勢力，對趙匡胤取得帝位雖然有功，但趙匡胤並不因此而偏袒、高升王彥升，反而終其一生，都未讓王彥升升至軍隊指揮官的職位。同樣的例子，大將王全斌攻下後蜀功勞不小，但是他治軍不嚴，引發已投降的蜀人叛變，還在成都殺了蜀國降兵二萬七千人；因為這個原因，王全斌雖有征服後蜀的功勞，趙匡胤依然將他降職。由此可知，趙匡胤是個有原則的領導人，不是只重結果、利益，而不問過程、是非的君主。

趙匡胤晚年喜好讀書，讀到堯舜處罰當時的大惡人，也不過流放而已。他感嘆目前刑罰名目繁多且殘忍不堪，便向宰相交代：「五代時期，諸侯跋扈，目無法紀，常有濫殺無辜的事情傳出；從今天起，各地判決死刑的案件都要送到中央刑部再審，避免冤案再發生！」

趙普

　　趙普從小就學習行政事務，較少接觸儒家經典。當他當上宰相之後，太祖趙匡胤時常勸他多多鑽研強調修身、齊家、治國、平天下的儒家經典。

　　宋太祖準備改年號時，曾向宰相們要求：「新年號要選個歷代皇帝沒用過的！」宰相商議後推薦了「乾德」二字。宋太祖乾德三年，宋消滅了後蜀，後蜀的宮女進到宋朝宮廷服務；太祖發現宮女使用的鏡子背後刻著「乾德四年鑄造」字樣，太祖一見大驚，以為看到了「未來鏡子」。太祖召集竇儀等人詢問，科舉進士出身的竇儀回答：「這一定是蜀國的物品，前蜀君主王衍曾經使用『乾德』當年號。」疑惑因此解開。太祖有感而發：「宰相還是得任用讀書人呀！」趙普於是知道太祖重視知識分子，受到刺激便發憤讀書。每天下朝回到家，總是把自己關在書房裡，從書箱裡拿書出來讀。而且每每讀到三更半夜。說也奇怪，讀了書的趙普隔天決斷政事、處理公務，特別流利順暢。趙普過世後，家人把他的書箱打開，發

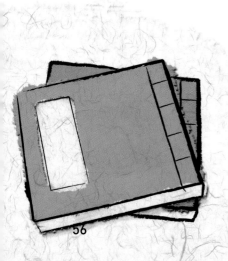

普少習吏事，寡學術，及為相，太祖常勸以讀書。晚年手不釋卷，每歸私第，闔戶啟篋取書，讀之竟日。及次日臨政，處決如流。——《宋史‧趙普傳》

現裡頭竟然只有一部《論語》。後世便流傳趙普「半部論語治天下」的名言。

　　趙普剛毅果斷，算是宋朝初年相對出色的宰相。有一次，某位官員應當升遷，但太祖平時不太喜歡他，硬是不肯下令。趙普為該官員說情，宋太祖生氣的說：「我就是不肯升他的官，你能對我怎麼樣？」趙普說：「刑罰是用來懲罰壞人，賞賜是用來獎勵功臣，從古到今都是說得過去的道理！而且處罰和賞賜的法律，是用來供天下人遵行的，不是專為陛下您設計的，怎能因為您個人的喜好和厭惡擅自破例呢？」太祖非常生氣，不肯聽勸，起身要走，趙普就跟著。太祖進入寢宮，趙普就站在門口等，久久不去。後來，太祖沒辦法、拗不過，就同意了這件人事升遷案。

陳橋之事，人謂普及太宗先知其謀，理勢或然。

—《宋史·趙普傳》

　　陳橋兵變，陪同趙匡義入內勸說趙匡胤接受擁戴的就是趙普。後來，兵變有功將領都高升要職，趙普卻屈居低位。原因是太祖仍需借重後周三位宰相威望。天下安定後，後周三相同日被廢，趙普隨即當上一人之下、萬人之上的宰輔重位。

　　太祖常微服出巡拜訪功臣，趙普知道皇帝習慣，退朝後仍不敢把朝服換成便服。有一次，夜已深，天還下著雪，趙普心想皇帝不可能出巡，心裡稍微鬆懈。想不到，立刻就聽到敲門聲，趙普開門見太祖站在風雪之中，大吃一驚。太祖說：「我約了我弟過來。」不久，趙匡義果然出現。趙普拿出厚毯子鋪地，燒炭烤肉。趙普夫人倒酒招待，君臣三人討論攻打太原的計畫。趙普

建議：先留下太原，可做為西北的屏障。所以應該優先處理南方敵國。待南方平定，太原勢孤力單，而大宋已經無後顧之憂，攻下太原，易如反掌。太祖聽了笑說：「哈，你說的正合我意，我是特地來試探你的呀！」

趙普能得到太祖和太宗重用，在於他能準確預測皇帝的想法。趙匡胤對於黃袍加身一事或許心中本來就不排斥。而懂得把握機會的趙普，和宋太宗聯手策劃兵變，兩人後來也成了最大得利者。

趙普擔任宋太宗宰相時，曾經被罷黜。但是他卻聰明的利用太宗「兄終弟及」繼承帝位正當性遭懷疑的缺憾，宣稱自己親聞杜太后要太祖將帝位傳給太宗的遺言，取得太宗再度信任；甚至，趙普也參與剷除「兄終弟及」制度候選人的行動，就是看準了太宗只想傳位自己子孫的心意。

難怪，史學家會說：「陳橋兵變一事，世人都說趙普和太宗老早知悉，依當時以及後來的情勢推論，或許不無可能。」

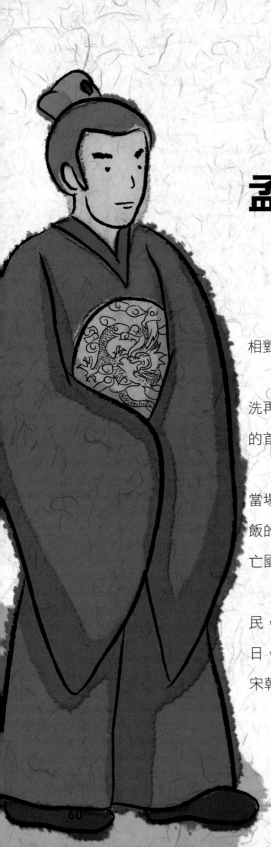

孟昶

　　後蜀君主孟昶是一位亡國之君，趙匡胤則是一位開國君主，兩相對比，可以看出兩者成功與失敗之間的差異。

　　趙匡胤皇宮中所有織品，都是普通的布料；常穿的衣服都是一洗再洗，避免浪費。他見自己的大女兒穿著華麗的衣服，配載昂貴的首飾，便告誡她不可如此，還教訓她要知福惜福。

　　他降伏後蜀時，見到後蜀君主連尿壺都裝飾著七彩珠寶，氣得當場將它敲碎，大罵對方：「太奢侈了，尿壺就用寶石裝飾，那吃飯的餐具呢？豈不更加奢華！國家預算都浪費在這種地方，難怪會亡國！」

　　孟昶在位時，早期還能勵精圖治，收納了中原戰亂來投靠的遺民，文化上、經濟上尚有一番成就；但後期開始沉迷酒色，奢侈度日，底下的臣子跟著有樣學樣，個個養尊處優。等到國家大難臨頭，宋朝大軍兵臨城下時，有大臣勸孟昶集合軍隊，死守城池，可是孟

見孟昶寶裝溺器，撻而碎之，曰：「汝以七寶飾此，
當以何器貯食？所為如是，不亡何待！」
—《宋史·太祖本紀》

昶卻說：「我父親和我用豐厚的俸祿養你們這些臣子，讓你們吃好
穿好四十餘年，現在國家有事，竟無法抵抗宋朝軍隊，使敵人兵臨
首都。我縱然想堅守城池，但糜爛成習、享受慣了的你們可以和我
一起死守在這兒嗎？」

　　大敵來襲，孟昶派兒子玄喆率領數萬精兵駐守重要關卡，玄喆
出發時竟還帶著心愛的美人、樂器、歌舞藝伎數十人隨行，蜀國人
民見了紛紛私下譏笑。反觀趙匡胤對待兒女、家人、臣子要求嚴格，
甚至警惕自己絲毫不能懈怠——不只上朝辦公時認真，下了朝仍不
斷反省。曾經，趙匡胤開完早朝，悶悶不樂，左右隨從來問原因。
他嘆了口氣說：「你們以為當皇帝容易嗎？我正在後悔早上一件公
事，決定得太匆促，但君無戲言，不能隨便反悔，所以心中覺得不
快。」因此孟昶成為亡國君並不是沒有道理的。

君王城上豎降旗，妾在深宮哪得知？十四萬人齊解甲，更無一個是男兒！ ——《述亡國詩》

國君的行為不只影響臣子，連民眾都仿效學習。孟昶常與愛妃花蕊夫人登上皇宮高樓欣賞風景，他們使用的是特別塗上白色香料的扇子。一不小心，扇子被風吹走，掉到地面，被蜀國民眾拾得，大家便爭相模仿，紛紛把扇子塗上白色香粉，還取了個「雪香扇」的名稱。

連小小扇子都如此講究，便不難想像他們平日是過著多麼奢靡浮華的生活！皇帝百官喜歡聲色娛樂，忘了本職是治國，難免滅亡之禍。

宋軍攻至後蜀皇城時，孟昶完全不抵抗，直接投降。後蜀皇室被俘虜至宋朝，宋太祖禮遇孟昶，任用他為檢校太師兼中書令，封秦國公，但才過七日孟昶就去世了。有人說是抑鬱而終，有人說是

被趙匡義所害。孟昶的母親李氏，是位聰明慧黠、明辨是非的女性，宋太祖尊稱她為「國母」，曾經召見她，安慰她說：「請您好好保重身體，不要太思念蜀國，改天我一定送您回去安養天年。」李氏說：「我的娘家在太原，如果能回太原養老，那才是我最大的願望。」當時，太原還在北漢劉鈞控制之中，宋太祖聽了李氏的話，覺得彷彿是李氏在鼓勵他，心中十分高興，而李氏因為善用自己的智慧也因此獲得保全。不過，在兒子孟昶死時，她沒流一滴眼淚，只把酒倒在地上祭告兒子：「你不能和國家一起存亡，苟且偷生蒙受羞辱。我之所以不忍心離開人世，是因為你還在世間。現在你死了，我活在世上是為了什麼呢？」於是便絕食而死。

　　花蕊夫人身為女性，也常勸孟昶努力國事。奈何身為人夫、人子的孟昶卻不能醒悟。當宋太祖問花蕊夫人後蜀亡國的原因時，花蕊夫人只做了這首詩回答：「君王在城牆上升起了投降的旗幟，我在深深的後宮裡哪裡能夠得知；十四萬兵士的軍隊丟了盔棄了甲，卻沒有一個看起來像是堂堂的男子！」

曹彬

　　曹彬是後周皇室親戚，曾奉命出使吳越。吳越國人私下送他禮物，他一介不取就離開。吳越人用小船載著禮物，追上四次，曹彬都一再婉拒。吳越人一直追在後頭，堅持要送，曹彬沒辦法，無奈的說：「再拒絕，人家就要說我不近情理、沽名釣譽了。」於是收下禮物，但全數繳交國庫。

　　曹彬生性儉樸，戍守邊境時，曾有使者送信前來，因為沒見過曹彬，就問旁人，旁人指給他看，他卻以為人家在開玩笑：「曹彬大人是皇親國戚，怎可能穿粗布袍子、坐在行軍椅上呢？」

　　趙匡胤尚在後周世宗底下任官時，曹彬主管皇宮內茶酒事宜，身為禁軍統領的趙匡胤曾向他討酒喝，曹彬卻說：「酒是朝廷公物，我不敢隨便給你！」於是自己出錢買酒，請趙匡胤喝。雖然，趙匡胤碰了釘子，卻因此大大佩服曹彬的公正不阿。趙匡胤當了皇帝之

彬性仁敬和厚，在朝廷未嘗忤旨，亦未嘗言人過失。

——《宋史‧曹彬傳》

後，曾將曹彬召進宮，問他：「我以前常想與你交遊親近，你為
什麼一直疏遠我？」曹彬跪拜解釋：「我是後周皇室近親，又蒙
錯愛，擔任宮廷職位，我只想好好做好份內工作，戰戰兢兢擔心
是否有不周全之處，那有心思餘力和大臣往來結交。」

　　曹彬個性恭敬仁厚，在朝廷從未忤逆旨意，也不說人壞話。
他征討後蜀、南唐兩國，不曾乘機中飽私囊。官位崇高，卻不驕
傲。他在路上遇到文官，必定禮讓。對下屬也不直呼其名，有官
員來訪，一定以正式服裝接見，以示尊敬。他的薪水都發給宗族
親戚，自己沒有積蓄。太祖問他那些官吏優秀可堪任用，曹彬回
答：「軍事以外的政務，不是屬下能得知的。」太祖堅持要他建言，
他才勉為其難推薦。由此足見曹彬的謹慎與謙虛。

人生何必使相，好官亦不過多得錢爾。

——《宋史‧曹彬傳》

　　伐後蜀時，諸將想要屠城，被曹彬阻止。攻下後蜀後，王全斌等夜夜飲酒作樂，放任部下燒殺擄掠，蜀人感到十分痛苦。曹彬好幾次請求王全斌趕快班師回朝，卻遭拒絕。後來果然激起投降的蜀軍兵變，多虧了曹彬等人加以平定。當時，宋軍將領行李都裝滿掠奪來的財寶，反觀曹彬行李中只有書籍和衣被。太祖在朝廷老早知悉宋軍情形，他把貪財無道的將領送交審判，而曹彬清廉謹慎，便將他升官。曹彬知道了，晉見太祖：「和我一起西征的同袍都獲罪，只有我升官，如此無法鼓舞士氣，請您收回成命！」太祖說：「如果你有過錯，被我處罰的征西將領怎可能不打你的小報告！顯然你功勞大，又不自誇。國家賞罰是有制度的，你就不要再推辭了！」

　　出兵南唐前，太祖曾對曹彬說：「攻下南唐，就拜你為相！」

副元帥潘美聽說了就預先恭賀他。曹彬卻搖頭說：「不可能的！這次行動，仰仗皇上天威、太廟護佑，不是我的功勞，何況宰相是最尊貴的職位呀！」潘美不太明白：「但皇上已經承諾了呀！」曹彬笑著說：「滅了南唐，還有太原劉氏呢！」

　　果然攻下南唐凱旋歸來後，太祖對曹彬說：「本該升你做宰相，但太原劉氏還沒平定，請你再等等。此次你如果攻下太原，一定讓你當宰相。」皇帝說完，潘美偷偷看了曹彬一眼，笑了出來。太祖覺得奇怪，問潘美原因，潘美不敢隱瞞，就把先前曹彬對他說的話告訴太祖，太祖聽了也覺得不好意思，就賜曹彬賞金二十萬。曹彬退朝後，開玩笑自嘲：「人生當官何必一定要當到宰相，大官不過就多一些錢而已嘛！」

　　曹彬北伐太原時，不小心延誤軍機，吃了敗仗，趙昌言將他呈報軍法處置。後來，趙昌言也被人檢舉，卻無法晉見皇上解釋。曹彬當時擔任樞密使，完全不念舊惡，向皇上求情，趙昌言才有機會參加朝會。

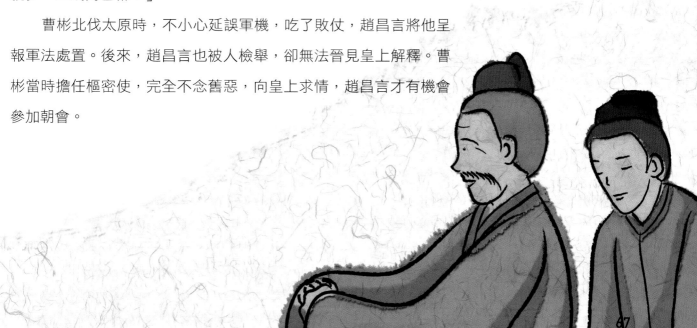

當宋太祖的朋友

　　宋朝，是中國歷代以來最不重視武功的朝代，宋朝同時也是中國歷史上經濟與文化最璀璨的時代之一，宋太祖趙匡胤，就在混亂的時局中，建立了如此繁榮鼎盛的朝代。

　　其實宋太祖原是一個高官子弟，但出身名門的他可沒有成天吃喝玩樂，不務正業。他從小就看著父親帶領軍隊，耳濡目染，練就了日後一身驍勇善戰的好功夫。善於作戰指揮的他，經常統率軍隊打贏一場場的戰事，廣受士兵們擁戴。最後黃袍加身，成為宋朝的開國之帝。

　　銜接於一個戰亂頻繁的朝代，建國之初，老百姓早已飽受多年的戰火之苦，民不聊生。你肯定想不到，來自武將世家的宋太祖，為了解決民間疾苦，居然放下武力，開始奉行「文以治國，重文輕武」等崇文理念，力圖打造一個安寧和諧的生活環境。此舉大大興盛了中國的文化教育，科技發展因而突飛猛進，戰爭逐漸變少，老百姓的生活跟著富裕安穩起來。宋太祖雖然高高在上，但他愛民之心可是從來都沒有停過，總是把國家大事放在第一順位，將自己擺進人民的立場裡施政。另外，他還是一位嚴於律己的君王，懂得反省自己的過失，還能在臣子面前承認自己的不足之處，對一個皇帝而言，以身作則是需要多麼高明的遠見。

　　宋太祖可謂是最有人性光輝的皇帝，他所創建的文人政治，帶領了宋朝迎接了文明盛世的頂峰。當宋太祖的朋友，你能見識到仁愛之心有時比謀略來的重要，並且你還能學習到自我反省，才能獲取進步，就像宋太祖的為人一樣，最後還贏得了開明的美譽。

我是大導演

看完了宋太祖的故事之後，
現在換你當導演。
請利用紅圈裡面的主題（軍事），
參考白圈裡的例子（例如：統領），
發揮你的聯想力，
在剩下的三個白圈中填入相關的詞語，
並利用這些詞語畫出一幅圖。

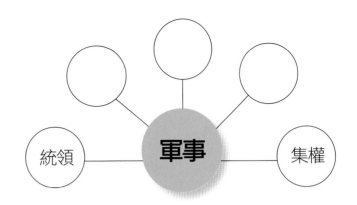

◎ 少年是人生開始的階段。因此，少年也是人生最適合閱讀經典的時候。

　　因為，這個時候讀經典，可以為將來的人生旅程準備豐厚的資糧。

　　因為，這個時候讀經典，可以用輕鬆的心情探索其中壯麗的天地。

◎ 【經典少年遊】，每一種書，都包括兩個部分：「繪本」和「讀本」。

　　繪本在前，是感性的、圖像的，透過動人的故事，來描述這本經典最核心的精神。

　　小學低年級的孩子，自己就可以閱讀。

　　讀本在後，是理性的、文字的，透過對原典的分析與說明，讓讀者掌握這本經典最珍貴的知識。

　　小學生可以自己閱讀，或者，也適合由家長陪讀，提供輔助說明。

001 黃帝　遠古部落的共主
The Yellow Emperor: The Chieftain of Ancient Tribes

故事／陳昇群　原典解說／陳昇群　繪圖／BIG FACE

遠古的黃河流域，衰弱的炎帝，無法平息各部族的爭戰。在一片討伐、互鬥的混亂局勢裡，有個天生神異，默默修養自己的人，正準備崛起。他，就是中華民族共同的祖先，黃帝。

002 周成王姬誦　施行禮樂的天子
Ch'eng of Chou: The Establishment of Chinese Etiquette

故事／姜子安　原典解說／姜子安　繪圖／簡漢平

年幼即位的周成王，懷抱著父親武王與叔叔周公的期待，與之後繼位的康王，一同開創了「成康之治」。他奠定了西周的強盛，開啟了五十多年的治世。什麼刑罰都不需要，天下無事，安寧祥和。

003 秦始皇　野心勃勃的始皇帝
Ch'in Shih Huang: The First Emperor of China

故事／林怡君　原典解說／林怡君　繪圖／LucKy wei

綿延萬里的長城、浩蕩雄壯的兵馬俑，已成絕響的阿房宮……這些遺留下來的秦朝文物，代表的正是秦始皇的雄心壯志。但是風光的盛世下，卻是秦始皇實行暴政的證據。他在統一中國時，也斷送了秦朝的前程。

004 漢高祖劉邦　平民皇帝第一人
Kao-tsu of Han: The First Peasant Emperor

故事／姜子安　故事／姜子安　繪圖／林家棟

他是中國第一個由平民出身的皇帝，為什麼那麼多人都願意為他捨身賣命？憑什麼他能和西楚霸王項羽互爭天下？劉邦是如何在亂世中崛起，打敗項羽，成為漢朝的開國皇帝？

005 王莽　爭議的改革者
Wang Mang: The Controversial Reformer

故事／岑澎維　原典解說／岑澎維　繪圖／鍾昭弋

臣民都稱呼他為「攝皇帝」。因為他的實權大大勝過君王。別以為這樣王莽就滿足了，他覬覦的可是真正的君王寶位。於是他奪取王位，一手打造全新的王朝。他的內心曾裝滿美好的願景，只可惜最終變成空談。

006 北魏孝文帝拓跋宏　民族融合的推手
T'o-pa Hung: The Champion of Ethnic Melting

故事／林怡君　原典解說／林怡君　繪圖／江長芳

孝文帝來自北魏王朝，卻嚮往南方。他最熱愛漢文化，想盡辦法要讓胡漢兩族的隔閡減少。他超越了時空的限制，不同於一般君主的獨裁專制，他的深思遠見、慈悲寬容，指引了一條民族融合的美好道路。

007 隋煬帝楊廣　揮霍無度的昏君
Yang of Sui: The Extravagant Tyrant

故事／劉思源　原典解說／劉思源　繪圖／榮馬

楊廣從哥哥的手上奪走王位，成為隋煬帝。他也從一個父母眼中溫和謙恭的青年，轉而成為嚴格殘酷的帝王。這個任意妄為的皇帝，斷送了隋朝的未來，留下昭彰的惡名，卻也樹立影響後世的功績。

008 武則天　中國第一女皇帝
Wu Tse-t'ien: The only Empress of China

故事／呂淑敏　原典解說／呂淑敏　繪圖／麥震東

她不只想當中國第一個女皇帝，她還想開創自己的朝代，把自己的名字深深的刻在歷史的石碑上。她還想改革政治，找出更多人才為國家服務。她的膽識、聰明與自信，讓她註定留名青史，留下褒貶不一的評價。

◎ 【經典少年遊】，我們先出版一百種中國經典，共分八個主題系列：
詩詞曲、思想與哲學、小說與故事、人物傳記、歷史、探險與地理、生活與素養、科技。
每一個主題系列，都按時間順序來選擇代表性的經典書種。

◎ 每一個主題系列，我們都邀請相關的專家學者擔任編輯顧問，提供從選題到內容的建議與指導。
我們希望：孩子讀完一個系列，可以掌握這個主題的完整體系。讀完八個不同主題的系列，
可以不但對中國文化有多面向的認識，更可以體會跨界閱讀的樂趣，享受知識跨界激盪的樂趣。

◎ 如果說，歷史累積下來的經典形成了壯麗的山河，那麼【經典少年遊】就是希望我們每個人
都趁著年少，探索四面八方，拓展眼界，體會山河之美，建構自己的知識體系。
少年需要遊經典。
經典需要少年遊。

009 唐玄宗李隆基　盛唐轉衰的關鍵
Hsuan-tsung of T'ang:The Decline of the T'ang Dynasty

故事／呂淑敏　原典解說／呂淑敏　繪圖／游峻軒

他開疆闢土，安內攘外。他同時也多才多藝，愛好藝術音樂，還能譜曲
演戲。他就是締造開元盛世的唐玄宗。他創造了盛唐的宏圖，卻也成為
國勢衰敗的關鍵。從意氣風發，到倉皇逃難，這就是唐玄宗曲折的一生。

010 宋太祖趙匡胤　重文輕武的軍人皇帝
T'ai-tsu of Sung:The General-turned-Scholar Emperor

故事／林哲璋　原典解說／林哲璋　繪圖／劉育琪

從黃袍加身到杯酒釋兵權，趙匡胤抓準了時機，從軍人成為實權在握的
開國皇帝。眼見藩鎮割據的五代亂象，他重用文人，集權中央。他開啟
了平和的大宋時期，卻也為之後的宋朝埋下被外族侵犯的隱憂。

011 宋徽宗趙佶　誤國的書畫皇帝
Hui-tsung of Sung:The Tragic Artist Emperor

故事／林哲璋　原典解說／林哲璋　繪圖／林心雁

他不是塊當皇帝的料，玩物喪志的他寧願拱手讓位給敵國，只求能夠保
全藝術珍藏。宋徽宗的多才多藝，以及他的極致享樂主義，都為我們演
示了一個富有人格魅力，一段段充滿人文氣息的小品集。

012 元世祖忽必烈　草原上的帝國霸主
Kublai Khan:The Great Khan of Mongolia

故事／林安德　原典解說／林安德　繪圖／AU

忽必烈——草原上的霸主！他剽悍但不霸道，他聰明而又包容。他能細
心體察冤屈，揚善罰惡；他還能珍惜人才，廣聽建言。他有著開闊的胸
襟和寬廣的視野，這個馳騁草原的霸主，從馬上建立起一塊遼遠的帝國！

013 明太祖朱元璋　嚴厲的集權君王
Hongwu Emperor:The Harsh Totalitarian

故事／林安德　原典解說／林安德　繪圖／顧珮仙

從一個貧苦的農家子弟，到萬人臣服的皇帝，朱元璋是怎麼辦到的？他
結束了亂世，將飽受戰亂的國家，開創另一個新局？為什麼歷史評價如
此兩極，既受人推崇，又遭人詬病，究竟他是一個好皇帝還是壞皇帝呢？

014 清太祖努爾哈赤　滿清的奠基者
Nurhaci:The Founder of the Ch'ing Dynasty

故事／李光福　原典解說／李光福　繪圖／蘇偉宇

要理解輝煌的清朝，就不能不知道為清朝建立基礎的努爾哈赤。他在明
朝的威脅下，統一女真部落，建立後金。當他在位時期，雖然無法成功
消滅明朝，但是他的後人創立了清朝，為中國歷史開啟了新的一頁。

015 清高宗乾隆　盛世的十全老人
Ch'ien-lung:The Great Emperor of the Golden Age

故事／李光福　原典解說／李光福　繪圖／唐克杰

乾隆在位時期被稱為「康雍乾盛世」，然而他一方面大興文字獄，一方
面還驕傲的想展現豐功偉業，最終讓清朝國勢日漸走下坡。乾隆讓我們
看到了輝煌與鼎盛，也讓我們看到盛世下的陰影，日後的敗因。

經典。
少年遊

youth.classicsnow.net

010
宋太祖趙匡胤　重文輕武的軍人皇帝
T'ai-tsu of Sung
The General-turned-Scholar Emperor

編輯顧問（姓名筆劃序）
王安憶　王汎森　江曉原　李歐梵　郝譽翔　陳平原
張隆溪　張臨生　葉嘉瑩　葛兆光　葛劍雄　鄭培凱

故事：林哲璋
原典解說：林哲璋
繪圖：劉育琪
人時事地：林保全

編輯：張瑜珊 張瓊文 鄧芳喬
美術設計：張士勇
美術編輯：顏一立
校對：陳佩伶

企畫：網路與書股份有限公司
出版者：大塊文化出版股份有限公司
台北市10550南京東路四段25號11樓
www.locuspublishing.com
讀者服務專線：0800-006689
TEL：+886-2-87123898
FAX：+886-2-87123897
郵撥帳號：18955675
戶名：大塊文化出版股份有限公司
法律顧問：全理法律事務所董安丹律師

總經銷：大和書報圖書股份有限公司
地址：新北市新莊區五工五路2號
TEL：+886-2-8990-2588
FAX：+886-2-2290-1658
製版：沈氏藝術印刷股份有限公司

初版一刷：2013年1月
定價：新台幣299元